Reise durch

JAPAN

Bilder von

Keystone/Keyphotos Japan

Texte von

Hans H. Krüger

Stürtz

CR
ビクトリア

元箱根

INHALT

Erste Seite:
Die Vergangenheit lebt: Bunte Bambusschirme vor einem traditionellen Tee-Shop in der Stadt Kanazawa.

Vorherige Seite:
Den Fuji-san mit seiner Schneehaube fest im Blick: Über den Ashino-

See bei Hakone gleitet ein Ausflugsschiff. Es handelt sich um den farbenfrohen Nachbau einer spanischen Galeone.

Unten: Landungsbrücke westlicher Kultur und eine der teuersten Einkaufsmeilen der Welt: Die Ginza in Tokio lockt mit bunten und spiegelnden Fassaden.

Seite 10/11: Wegen seiner über tausend Brücken hieß Osaka einmal »das Venedig des Ostens«. Heute erinnert nur noch das Schloss an die einstige Pracht. Das heutige Gebäude aus dem Jahre 1931 ist ein Nachbau des Originals von 1586.

入口

DIE SCHÖNHEIT DER ANARCHIE

Es ist Kirschblütenzeit. Im Ueno-Park von Tokio sitzen die Menschen auf blauen Plastikplanen, essen, trinken, singen Karaoke und haben am nächsten Tag einen dicken Kopf. Erst 1878 wurde der Park mit dem Kirschbaumhügel (Sakuragaoka) der Öffentlichkeit zugänglich gemacht.

Japan ist kein Ort der Realität, sondern eine Illusion, die sich kunstvoll hinter seinen Klischees versteckt: Angestellte drängen sich in überfüllten U-Bahnen, Geishas trippeln durch blühende Kirschbaumalleen, Zen-Mönche beobachten das Wachsen von Felsen, Arbeiter sterben an »karo-shi«, was »Tot durch Überarbeiten« bedeutet. Nichts davon ist unbedingt wahr, aber alles existiert.

Im Japanischen heißt das Land »Nippon« oder »Nihon«. Es bedeutet »Ursprung der Sonne«. Die Mythologie berichtet, Gott Izanagi habe seinen Juwelenstab ins Meer gestoßen. Als er ihn wieder herauszog und schüttelte, seien 3325 Wassertropfen ins Meer gefallen. So entstanden die japanischen Inseln. Bis 1945, als das Land den Krieg verlor und der Kaiser seine Göttlichkeit, galt der 11. Februar 600 v. Chr. als Beginn der japanischen Zeitrechnung. Damals habe der Kaiser Jimmu als Nachfolger der Sonnengöttin Amaterasu den Grundstein zum Reich gelegt und zum regierenden Herrscherhaus. Der jetzige Kaiser Akihito gilt als der 125. Nachfolger dieser Dynastie.

Mythen entsprechen nicht historischer Wahrhaftigkeit, sondern sind die Hoffnungsbilder der Gegenwart. Auch im modernen Japan gelten Symbole und Zeremonien als wichtige Eckpfeiler des Staates. Die Vergangenheit lebt fort in Teezeremonien und Ikebana, in prächtigen Tempelfeiern und fröhlichen Volksfesten. Götter werden in Schreinen durch die Straßen getragen, riesige Trommeln schlagen einen archaischen Rhythmus, Teilnehmer und Zuschauer verwandeln sich in eine schwitzende, ausgelassene Menge. Für Stunden kehrt das Paradies zurück, Vorgestern und Heute werden eins.

– JAPANISCHE INNENANSICHTEN

Am einfachsten ist noch die geografische Standortbestimmung: Japan ist ein Inselreich vor der Ostküste Asiens. Die fast 7000 Eilande erstrecken sich von Nordost nach Südwest über eine Entfernung von rund 4000 Kilometer. Die größten Inseln sind Honshu, Hokkaido, Kyushu, Shikoku und Okinawa. Auf Grund der immensen Ausdehnung liegen sie in drei Klimazonen – subarktisch, gemäßigt, subtropisch. Die Inseln befinden sich in einer geologisch instabilen Region. Rund 60 der 186 Vulkane sind noch aktiv. Jährlich werden bis zu 1200 Erdbeben registriert. Die letzte große Katastrophe geschah am 17. Januar 1995 in der Hafenstadt Kobe. Über 600 Menschen kamen beim großen Beben ums Leben.

Japan ist etwas größer als Deutschland, hat 126 Millionen Einwohner. Fast 80 Prozent sind gebirgig, auf der restlichen Fläche drängen sich Menschen, Industrie und Landwirtschaft. In den Großräumen Tokio-Yokohama-Chiba und Kobe-Osaka-Kyoto, den Ballungszentren an der Pazifikküste, befindet sich das Epizentrum asiatischer Massenkultur: seichte Unterhaltungsmusik und coole Mode, verspielte Software und neue Verkehrstechniken. Jeder Trend wird zwischen Seoul und Bangkok kopiert. Konsumgüter und Vorstellungen schwappen irgendwann über den Rest der reichen Welt: Walkman, Discman, Tamagotchi, Karaoke, fette Sumo-Ringer, kalorienarme Sushi. Nur wer sich erinnern kann, beklagt den Verlust der Unschuld. Der Modeschöpfer Issey Miyake sagt: »Früher einmal war Japan wunderschön, weil es kein reiches Land war.«

MIT DEM RÜCKEN ZUR WELT

Vor allem ein geschichtlicher Faktor prägt bis heute die Gesellschaft. Es ist der freiwillige Abschied von der Welt. Mit Beginn der Tokugawa-Herrschaft im Jahr 1600 isolierte sich Japan hermetisch von allen fremden Einflüssen. Europäische Missionare, die hauptsächlich in Kyushu tätig waren, wurden ausgewiesen oder hingerichtet, Aufstände heimischer Christen blutig niedergeschlagen. Eine Mauer des Schweigens umschloss die Inselwelt. Auf Verlassen des Landes stand die Todesstrafe, kein Ausländer durfte japanischen Boden betreten. Einzige Ausnahme war die Hafenstadt Nagasaki auf der südlichen Insel Kyushu. Auf der aufgeschütteten Insel Dejima, 196 Meter lang, 65 Meter breit, be-

Das Zubereiten, Servieren und Trinken von Tee gilt in Japan als höchste Kunstform. Die Teezeremonie heißt im Japanischen »Cha no Yu« – was bedeutet: heißes Wasser für den Tee.

fand sich ab 1641 ein holländisches Handelszentrum; im Stadtteil Shinchi konnten unter strikten Auflagen Chinesen und Koreaner Handel treiben. Der Rest des Landes aber war so fern, wie die abgewandte Seite des Mondes. Wenn Wissen korrumpiert, befand sich ein ganzes Volk im Zustand der Unschuld. Die Gesellschaft war eine festgemauerte Pyramide, in der jedermann seinen Platz hatte: An der Spitze standen die schwerttragenden Samurai, dann die Bauern, darunter Handwerker und Künstler, am Schluss die Kaufleute. Rund 250 Jahre regierte die Tokugawa-Dynastie mit dem Rücken zur Welt, als 1853 vier schwarze US-amerikanische Dampfkraftschiffe in die Bucht von Tokio einliefen, die »Schwarze Flotte«. Deren Kommandant, Admiral Matthew Perry, hatte von Präsident Fillmore den Auftrag erhalten, ein Handelsabkommen mit Japan zu erzwingen. Kanonendonner, die Demonstration westlicher Technik und Wissenschaft, beendeten die japanische Feudalherrschaft, führten zur Wiederherstellung des Kaiserreiches und zur Öffnung des Landes. Als Perry 1854 zurückkehrte, wurden von den Vereinigten Staaten und Japan der Vertrag von Kanagawa unterzeichnet, der amerikanischen Schiffen die Häfen Shimoda und Hakodate öffnete. Handelsabkommen mit Russland, England, Holland, Frankreich und Preußen folgten.

Unter dem Schlagwort »japanische Seele – westliche Technik« macht sich ein einfaches Bauernvolk mit starken gesellschaftlichen und moralischen Bindungen daran, einen Spitzenplatz in der Welt zu erobern. Die neue Stärke wurde auch militärisch demonstriert: Japan besetzte Taiwan (1874), siegte im Chinesisch-japanischen Krieg (1894–1895), vernichtete die Zaren-Flotte im Russisch-japanischen Krieg (1904–1905), annektierte Korea (1910), besetzte die Mandschurei (1931–1933). Dumpfer Militarismus und überschätztes Selbstbewusstsein führten zum Angriff auf Pearl Harbour (Dezember 1941) und damit zum Ausbruch des Pazifischen Krieges. Nach spektakulären Anfangserfolgen der Kaiserli-

chen Armee gewannen die Alliierten die Oberhand. Im August 1945 fielen amerikanische Atombomben auf Hiroshima und Nagasaki. Am Mittag des 15. August 1945 teilte Kaiser Hirohito in einer Rundfunkansprache die Kapitulation Japans mit. Er benutzte archaische Sprachwendungen, die nur wenige seiner Untertanen verstanden. Seine hohe Stimme, auf eine Schallplatte gepresst und dann abgespielt (die Rede wurde am Vortag aufgenommen), unterbrach die Arbeit im ganzen Land: »... wie anders vermögen Wir die Millionen Unserer Untertanen zu retten oder Uns vor den geheiligten Geistern Unserer Vorfahren zu rechtfertigen.« Die meisten Japaner waren wie vor den Kopf geschlagen. Kein Wunder. Gott sprach zum ersten Mal zu ihnen und zeigte, dass er ein Sterblicher war.

JAPANISCHES WIRTSCHAFTSWUNDER

Es folgen Niederlage und Besetzung, eine neue Verfassung, Demokratisierung, der Wiederaufbau. Wie in Deutschland findet auch in Japan ein Wirtschaftswunder statt. Anders als Deutschland jedoch beschäftigt sich das Land kaum mit den dunklen Seiten seiner Geschichte. Japanische Vergangenheitsbewältigung ist ein Wechselbad aus Opfermentalität und systematischer Verdrängung. Das Land lebt von Widersprüchen, Gegensätzen und Kontrasten. Japan ist die zweitgrößte Volkswirtschaft der Welt und scheint doch an seinem Erfolg zu zweifeln. »Reiches Land, arme Leute«, spötteln die Bewohner. Es besitzt mit dem Buddhismus eine Religion des Verzichts – und ist trotzdem auf hemmungslosen Konsum eingestellt. Es hat Philosophie und Schriftzeichen aus China importiert, Kunst und Keramik aus Korea, neue Technologien und Kleidung aus dem Westen – und ist überzeugt von seiner Einzigartigkeit. Es belohnt nicht Kreativität, sondern Leistungsbereitschaft. Es bewundert Schönheit und verschandelt ungeniert seine Natur. Es spricht von Internationalität und kann seinen Schülern nicht Englisch beibringen. Es exportiert Produkte, nicht Ideen. Trotz oder gerade wegen dieser Gegensätze und Brüche übt Japan eine außergewöhnliche Faszination aus. Es ist die verwestlichste Nation Asiens und hat doch die eigene Identität bewahrt. Materialismus und Verinnerlichung, Protz und Einfachheit, Lärm und Stille verweben zu einem wundersamen Traumgebilde. Japan ist kein Ort der Realität.

WILLKOMMEN IN TOKIO

Das morgendliche Krächzen der Krähen, Glockenspiele an Zebrastreifen, trillernde Stimmen über ein gnadenloses Lautsprechersystem in Kaufhäusern und Bahnhöfen, die einen pausenlos auffordern, nichts liegenzulassen, aufzupassen, auf Rolltreppen nur links zu stehen; unerbittlich effiziente Taxi- und Busfahrer; ein gesichtsloses Heer von Angestellten; abgehackte Verbeugungen aus dem Hüftgelenk: Tokio.

Dazwischen stehen wir, übernächtigt, verwirrt, benommen. Die anderen sind zuhause, wir sind nur da. Sie sind drinnen, wir befinden uns draußen. Die Welt mag ein globales Dorf sein, aber Tokio ist ein Ort jenseits der Zeit. Von Wim Wenders stammt der Ausspruch: »In Tokio zu leben ist, als würde man im Traum eines anderen stecken.« Zuerst überwiegt das Albtraumhafte: Schieben, Drängen, Abgase, Lärm. Groß-Tokio besteht aus 23 Bezirken, 26 Städten, drei Landkreisen, sieben Inseln. Die Stadt hat 11,8 Millionen Einwohner. Durch Pendler aus den umliegenden Präfekturen steigt die Zahl tagsüber auf über 15 Millionen Menschen. Um den Kaiserlichen Palast leben in einem Radius von 50 Kilometer 32 Millionen Japaner. Morgens ab 8.30 Uhr trifft man Hunderttausende von ihnen in der Yamamote-Linie, der Ringbahn von Tokio, 2400 Passagiere pro Zug, Züge im zwei-Minuten-Takt. Wer in den vollgepackten Zügen jemandem versehentlich auf die Füße tritt, vernimmt die sehr japanische Reaktion: »Suimasen« – Entschuldigung.

FASZINIERENDER IRRGARTEN

Tokio bedeutet »östliche Hauptstadt«. Östlich von wo? Östlich von Peking, wo einst der Mittelpunkt der Welt lag, das Zentrum japanischer Kultur, der Anfang von allem. Errichtet wurde das einstige Edo nach den Vorstellungen von Shogun Ieyasu Tokugawa. Der Kriegsfürst, er lebte von 1542 bis 1616, ließ ein Labyrinth aus Straßen und Gassen anlegen, das jeden einfallenden Feind verwirren sollte. Das moderne Tokio spiegelt bis heute diesen Irrgarten wider. Pfeilgerade Boulevards und Straßen sind die Ausnahme, schlängelnde Linien und Kurven die Regel. Selbst unter der Erde führen nur Umwege zum Ziel. Tokios erste U-Bahn, die 14,3 Kilometer lange Ginza Linie, 1927 eröffnet, schlägt Haken wie ein japanischer Feldhase: Vom Stadt-

Eine Teeplantage in der Präfektur Shizuoka. Grüner Tee, japanisch »o-cha«, ist das meistverbreitete tägliche Getränk in Nippon (Japan). Bei einer Teezeremonie wird er nach vorgeschriebenen Regeln zubereitet.

teil Shibuya führt sie zuerst nordöstlich, knickt nach Südwest, schlängelt sich um den Kaiserlichen Palast, um dann nördlich in Ueno zu enden.

Was den Fremden in Tokio gleichermaßen irritiert und fasziniert, ist der absolute Gegensatz zu einer europäischen Stadt. Metropolen wie Paris, Wien oder Madrid sind homogene, monolithische Gebilde, geprägt von mehr oder minder einheitlichen Baustilen. Architektur ist Ausdruck von Geschichte und Identität. Unterschieden wird zwischen geschlossenen Räumen (Gebäude) und offenen Räumen (Parks, Grünanlagen). Heerscharen von Beamten widmen sich der Denkmalpflege, Bauverordnungen regeln Geschosshöhe, Farbgebung, Materialien. Wir leben in Museen, deren Exponate Anspruch auf Ewigkeit erheben.

Tokio dagegen schwelgt in einer unkoordinierten Zersiedlung. Als der Deutsche Kurt Singer Anfang der 30er-Jahre nach Tokio kam, notierte er schon damals: »Die ersten Tage und Wochen in der Landeshauptstadt sind für den Gebildeten unter den Bewunderern des Landes von bedrückender Trauer. Das anarchische Nebeneinander in Bauwesen, Tracht, Verkehrssitte und Denkform, dies alles überfällt den Fremden wie ein Alptraum.« In den 80er-Jahren bemerkte der japanische Romancier Abe Kobo, Tokio sei eine »grenzenlose Zahl von Dörfern. Diese Dörfer und ihre Menschen erscheinen alle identisch. Soweit man auch geht, man bleibt immer dort, wo man begann. Und wo immer man in Tokio ist, man verirrt sich.«

Straßen haben öffentliche Funktionen, Bahnhöfe sind Arterien, durch die die Massen fluten. Es gibt nichts, an dem sich das Auge festhalten kann. Die ganze Stadt erscheint wie ein Video-Clip, abgehackte Bildfolgen, zerstückelte Handlungsstränge, künstliche Ersatzspielereien. Nur wer die Wirklichkeit ausblendet, versinkt nicht in der Flut der Eindrücke. Was nicht erklärbar ist, wird mit post-modernen Worthülsen gedeutet. Stadtplaner sprechen von einem »anti-hierarchischen Wachstum«. Architekten versuchen die Chaos-Theorie aus Mathematik und Physik auf Tokio zu übertragen. Da es keinen Mittelpunkt gibt, ist alles Peripherie. Keine andere Metropole verdeutlicht deshalb so prägnant die Merkmale einer Großstadt des neuen Jahrtausends: Flüchtigkeit, Vergänglichkeit, den Wandel der Physiognomie.

WEISSE UND SCHWARZE SCHWÄNE

Aber wo liegt das mystische Japan unserer Vorstellungen und Klischees? Es verbirgt sich hinter dicken Steinquadern: der Kaiserpalast in Tokio Zentral. Über eine Million Quadratmeter in bester Lage, dies ist die geistige Mitte des Landes. Keine U-Bahn-Linie durchschneidet den heiligen Boden, kein Hubschrauber darf den Luftraum durchfliegen. Stille im Großstadtlärm. Auf dem Wasser des Palastgrabens kreuzen weiße Schwäne. Sie sind ein Geschenk des verstorbenen Bundeskanzlers Konrad Adenauer (die schwarzen Schwäne kommen aus Australien). Hinter einem Vorhang aus Mauern und Kiefern lebt Kaiser Akihito. Sein Wohnpalast trägt den altertümlichen Namen »Fukiage-Gosho«, was mit »Odem erhebende, erhabene Stätte« zu übersetzen ist. Im Frühjahr setzt er im palasteigenen Nassfeld den ersten Reis. Eine kultische Handlung. Nur an seinem Geburtstag (23. Dezember) und zum Neujahrsfest (2. Januar) werden die Tore fürs Volk geöffnet. Die breiten Kieswege in den Gartenanlagen hingegen sind ganzjährig Anziehungspunkt. Jogger ziehen ihre Runden, Besuchergruppen eilen von Irgendwo nach Nirgendwo. Unterhalb der zwei Brücken, die zum Haupteingang führen, und deshalb auch »Nihonbashi«, Doppelbrücke, genannt werden, lichten Standfotografen Schulklassen aus der Provinz ab. Die Schüler tragen die schwarzen Marineuniformen des kaiserlichen Deutschlands.

Die anderen touristischen Fixpunkte Tokios sind ein merkwürdiges Sammelsurium aus Alt und Neu. Zum Beispiel die 243,4 Meter hohen Doppeltürme des Rathauses in Shinjuku. Umgerechnet 600 Millionen Euro hat das »Tokyo Metropolitan Government Office«, so der offizielle Name, gekostet. Von den Aussichtsplattformen der Türme (jeweils im 45. Stock) liegt einem die Metropole zu Füßen. Oder Akihabara, die Elektronik-Hauptstadt der Welt. Über 340 Geschäfte für Computer, technische Spielereien und Unterhaltungselektronik. Oder »Tokio Disneyland«. Fast 100 Euro Eintritt für die Perfektionierung des amerikanischen Vorbilds. Mickey Mouse sieht aus wie Mickey Mouse, aber piepst »Irriashimase«, das japanische »herzlich Willkommen«.

Rote Pfeiler, geschwungene Dächer und bei jedem Schritt knirscht der Kies unter den Füßen: Der Heian-Schrein in Kyoto wurde 1895 zum Gedenken an den elfhundertsten Jahrestag der Stadtgründung erbaut.

Mode und Kunst gibt es auf der Ginza, der teuersten Einkaufsmeile Tokios. Bereits um die Jahrhundertwende lag hier die Landungsbrücke westlicher Kultur. An der Prachtstraße entstanden die ersten Cafés im französischen Stil, Tanzhallen und Bierhäuser, Cabaretts und Nachtclubs, Kaufhäuser und Galerien. Tokio endlich einmal geometrisch: Bis zum Bahnhof Shinbashi ist die Straße in acht Blocks eingeteilt; links davon liegen die acht Blocks der West-Ginza, rechts die acht Blocks der Ost-Ginza. Dazwischen befinden sich berühmte Einkaufstempel wie »Matsuya«, »Matsuzakaya«, »Mitsukoshi«, »Louis Vuitton«. Am Sonntag gilt Fahrverbot, verwandelt sich die sechsspurige Ginza in die belebteste Fußgängerzone der Welt. Schwarze Haarschöpfe soweit das Auge reicht. Es gibt Cafés, in denen die Tasse Tee umgerechnet 10 Euro kostet, ein winziges Stück Sachertorte sieben Euro.

Die Vergangenheit trifft der Besucher im Asakusa-Kannon-Tempelbezirk. Um die Jahrhundertwende war Asakusa Tokios Rotlicht-Viertel mit zwielichtigen Bumslokalen und anrüchigen Theatern. Heute geht man durch das »Tor des Donnergottes« über eine enge Straße zum Haupttempel, verbrennt in eisernen Gefäßen falsches Geld, brennt Räucherstäbchen ab und ruft die Götter um Hilfe.

MODERNE WILDE UND RUHELOSE NOMADEN

Bewohnt wird Tokio, je nach ethnologischer Auslegung, von Stammesgruppen oder modernen Wilden. Für den Architekten Toyo Ito sind Tokios Bürger ruhelose Nomaden: »Sie leben nicht mehr in festen Häusern, sondern an ständig wechselnden Identitätspunkten der Stadt.« Eine dieser boomenden Wüsteneien heißt Shibuya. Nördlich des Bahnhofs befindet sich das Spielfeld der Jugend, ein Gewirr enger Gassen, eine plärrende Ballung aus Restaurants, Cafés, Karaoke-Bars, Secondhandläden, Spielhallen, Boutiquen, Discos, Nachtclubs, Fast-Food-Ketten, Bierhallen, Cabarets. Am Wochenende ist kein Durchkommen. Aus den U-Bahn-Schächten strömt eine kompakte Masse vergnügungssüchtiger Studenten, Büromädchen und Angestellten. Über riesige Bildtafeln flackern Nachrichten und Werbespots. Es riecht nach Abgasen und

Die alte Kintai-Brücke in der Kleinstadt Iwakuni auf der Hauptinsel Honshu. Über eine solche Bogenbrücke fuhren keine Fahrzeuge, Lasten wurden früher von Menschen oder Tieren transportiert.

frittierten Tintenfischen. Nichts ist umsonst, alles kostet Geld. Die Telefonzellen sind vollgelegt mit den Broschüren von Liebeshotels, Telefonsex-Anbietern und den schwülstigen Versprechungen angeblich minderjähriger Hostessen. Auf lilafarbenen Visitenkarten prangen elegante Schriftzeichen, die ästhetischen Formeln des angeblich verinnerlichten Ostens. Tatsächlich sind es Werbekarten von Läden, die gebrauchte Teenagerhöschen verkaufen.

RAUM DER NICHTEXISTENZ

Es gibt Städte in die man fliegt, um in ihnen abzutauchen. Tokio bildet den perfekten Raum der Nichtexistenz. Die Menschen erscheinen und verschwinden. Es verlieren sich chinesische Hilfsköche, australische Englischlehrer, philippinische Barmädchen. Spurlos bleiben iranische Telefonkartenbetrüger, israelische Straßenhändler und amerikanische Börsenmakler. Selbst Einheimische werden vom Moloch verschluckt. In meiner Nachbarschaft im Stadtteil Sangen-Jaya wurde vor Jahren ein Mitglied der terroristischen japanischen Rote Armee Fraktion verhaftet. Über zehn Jahre hatte er sich in der Anonymität des Häuserbreis verborgen gehalten. Niemand kannte ihn, keiner schien ihn bemerkt zu haben, kaum jemand konnte sich an ihn erinnern. Ein Trotzki der Neuzeit, der überraschend aus dem dunklen Raum der Vergessenheit auftauchte.

Sangen-Jaya bedeutet »Drei Teehäuser«. Es steht in keinem Reiseführer, wird in keinem Nachschlagewerk erwähnt. Es ist eine U-Bahn-Station an der Shin-Tamagawa-Linie, ein weiteres Puzzlestück in der Wegwerfarchitektur Tokios: ein gemischtes Wohn- und Geschäftsviertel, kastenförmige Eigentumswohnungen mit Fantasienamen wie »Hollywood Highs« oder »London Tower«. All das wird brutal zerschnitten von der sechsspurigen Tamagawa Avenue, über die eine Hochstraße auf zwei Etagen verläuft. Nachts dröhnen Halbstarke auf Motorrädern ohne Auspuff

durch die Häuserschluchten. In meiner Nachbarschaft gibt es einen Holzhandel, ein Lager für Tatamiböden, mehrere chemische Reinigungen, eine Kfz-Werkstatt, Kolonialwarenläden und Restaurants. Drei Minuten Fußweg zum nächsten Supermarkt, der vierundzwanzig Stunden geöffnet hat. Die meisten Gassen sind so eng, dass sie nur als Einbahnstraßen benutzt werden können. Die Jahreszeiten sind am Plastikschmuck der Einkaufsstraßen ablesbar: grüne Sträucher im Frühjahr, falsche Herbstblätter ab Oktober. Sterne sieht man kaum. Der Himmel ist ein Abbild der Stadt, in dem sich Neonreklamen widerspiegeln. Wer in Tokio nach oben schaut, erblickt nicht die Unendlichkeit des Universums, sondern sich selbst.

Sangen-Jaya ist ein Mikrokosmos Tokios. Der einsichtige Neuankömmling unterzieht sich den Initiationsriten einer anderen Kultur. Die Fremde wird nicht erobert, sondern absorbiert. Nach wenigen Wochen besitzt der temporäre Gast seine sozialen Fixpunkte – Stammkneipe, Supermarkt, Café. Er kennt den Inhaber der Drogerie und grüßt den schwatzhaften Kenianer, der in der Boutique am Bahnhof arbeitet. Er weiß, dass es das beste Weißbrot in einer Bäckerei namens »Mutter Lisa« gibt und der Besitzer des China-Restaurants einmal Geografie an der Tokioer Universität studiert hat. Er lernt, dass Tokio kein Paradies ist, aber ein geordnetes Chaos: Die Müllabfuhr funktioniert, Wasser fließt, Strom kommt aus der Steckdose – und die nächste U-Bahn in spätestens drei Minuten. Wer lange genug lebt in der Metropole, verinnerlicht den Rhythmus aus Beschleunigung, Stillstand und Vitalität. Außerhalb der Schiebetüren aus Aluminium rattern Presslufthämmer, verschwinden Gebäude, entstehen neue Hochhäuser. Aber irgendwann bemerkt man nicht mehr die Hässlichkeit, sondern bewundert die Funktionalität. Für den, der sich an der ewigen Schönheit großer Weltstädte berauschen will, gibt es Ansichtskarten aus Paris.

Seite 22/23:
Die Diktatur des Konsums: Im Stadtteil Shibuya in Tokio sind die Hochhäuser mit überdimensionalen Reklametafeln zugepappt.

Seite 24/25:
Wenn Schnee auf Zedern fällt: Die riesige Anlage des Kiyomizu-Tempels im Nordosten Kyotos zählt zum Weltkulturerbe und wurde 798 gegründet.

ucc
1:20
メジャー
MAJOR
TIKI-TIKI
中野OASスクール
入学受付
7F 居酒屋 王将
英会話
トーザ
5458-1030
VIA OHI
英会話NOVA
4F cafe
SHIBUYA 109
uc
UCカードグループ
HASEKO
レイク
30M
渋谷駅前ビル
KO

かに道楽
英会話
NOVA
渋谷本校
TOKYU HANDS
東急ハンズ渋谷店
カードプラザ
Hisamitsu
サロンパス
SEED
コンタクトは
シード
三千里薬品
SUPER LISA SHIBUYA
Taisei neon
渋谷駅前
Shibuya Sta.
BESS
ポーギーとベス
1996年1月31日〜2月12日
Bunkamuraオーチャードホール
SUNSHINE, MOONLIGHT
TOSHI KUBOTA
毎日特売
Kent
Mr.shop
NOW
東海銀行
渋谷センター街
SEGA
Dairy Queen

H O K K A I D O –

Gut behütet: Jizo-bosatsu heißt der buddhistische Schutzgott für Schwangere, Kinder und Reisende. Man sieht die kleinen Steinfiguren häufig am Straßenrand.

Nichts ist so, wie es sein sollte. Nirgendwo das vertraute Schachbrettmuster der Reisfelder, keine ausufernden Stadtlandschaften, keine blühenden Kirschbäume. Statt dessen einsame Bauernhäuser, deren mächtige Scheunen an amerikanische Farmen erinnern, weite Kartoffeläcker, Mais- und Haferfelder. Schwarz-weiß gefleckte Holsteiner weiden auf grünen Wiesen. Darüber spannt sich ein leerer Himmel.

Bis zum 18. Jahrhundert war Hokkaido Grenzland, ein fremdes Terrain außerhalb der japanischen Vorstellungskraft. Hier lebten haarige Eingeborene und riesige Bären. Die Winter waren lang und hart. Mit den Ainus, der Urbevölkerung, wurde ein wenig Handel getrieben – Häute, Felle, Adlerfedern. Erst 1896 ernannte die Regierung in Tokio eine »Kommission für die Kolonisierung«. Amerikanische Kartografen vermaßen zum ersten Mal das Unbekannte. Ezo, wie die Insel bis dahin hieß, erhielt einen neuen Namen: Hokkaido, »Nördliche See-Provinz«.

Bis heute symbolisiert Hokkaido das andere Japan. Es ist eine Idylle aus Wäldern, Vulkanen und Kraterseen, aus unberührten Landschaften im Shikotsu-Toya- oder dem Daisetsuzan-Nationalpark, aus berühmten Badeorten wie Noboribetsu und pittoresken Fischerorten wie Abashiri am eisigen Ochotskischem Meer. Schaubild einer ungewöhnlichen ostwestlichen Melange wurde Sapporo. Die Inselmetropole, 1871 gegründet, besteht aus einem Gitternetz breiter, baumbestandener Boulevards. In der ersten Februarwoche findet im Odori-Park das berühmte Schneefestival statt. Paläste und Skulpturen aus Schnee und Eis locken hunderttausende Besucher an. Im Sommer vergnügen sich die Menschen bei Bier und Blasmusik. In Sapporo wurde die erste Brauerei auf japanischem Boden gegründet.

DIE INSEL AM RANDE DER WELT

Unten:
Ein Angehöriger der Ainu, der Ureinwohner Japans, am Kussharo-See im Nordosten von Hokkaido. Die traditionelle Kleidung ist nur noch Folklore.

Rechts oben:
Auf dem Rücken ein Schneepaddel, in der Rechten den Spieß: Matsuji Suzuki ist Bärenjäger der fünften Generation.

Rechts Mitte:
Arbeiter einer Sake-Fabrik. Die Übersetzung des japanischen Nationalgetränks mit »Reiswein« ist irreführend, da Sake gebraut und nicht gekeltert wird. Mit der Holzstange wird der gärende Reis in den Bottichen umgerührt.

Rechts unten:
Vollblutzüchter Herr Morita und seine beste Stute in Öl. Sie heißt »Sonnenschein«.

Unten:
Japan zum Durchatmen: Seen, Wälder und Berge bestimmen die Landschaft von Hokkaido, eine der vier Hauptinseln im Nordosten.

Rechts oben: *Herbstfärbung am Oneto-See, und in dem stillen Wasser spiegelt sich die Welt wider.*

Rechts Mitte: *Dämpfe, Hitze und Schwefelablagerungen: Noboribetsu an der Südküste von Hokkaido ist das größte Thermalbad der Insel.*

Rechts unten: *Zwischenstopp auf langem Flug: Kraniche auf dem zugefrorenen Akan-See. Die Vögel kommen aus Sibirien zum Überwintern.*

Oben:
Abendstimmung über Hakodate. Bereits im 13. Jahrhundert ließen sich hier japanische Siedler nieder. Heute erstrahlt die Stadt im modernen Lichterglanz.

Rechts:
Genau in der Mitte Hokkaidos liegt die Kleinstadt Biei. Beschützt wird sie von den Tokachi-Dake-Bergen mit dem 2077 Meter hohen Vulkan Tokachi, dessen letzter Ausbruch im Jahre 1962 stattfand.

Seite 34/35:
Hinter dem Horizont liegt Sibirien: Der Leuchtturm von Kamui-Misaki an der Westküste Hokkaidos am Japanischen Meer.

Links:
Als wäre es ein Bild aus Amerika: Bäuerliches Stilleben mit Holzhaus, Scheune und Heuhaufen vor schneebedeckten Bergen auf der Insel Hokkaido.

Unten:
Japanische Impressionen: In den Farben des Regenbogens leuchten die Blumenfelder bei Furano.

Seite 36/37:
Japans Tiefkühltruhe: Eisschollen wie auf einem Gemälde von Caspar David Friedrich vor der Halbinsel Shiretoko am Ochotskischen Meer.

Unten:
Exotische Mischung aus Zuckerbäckerstil und Barock beim Schneefestival von Sapporo, der größten Stadt Hokkaidos. Hier ist das politische, wirtschaftliche und kulturelle Zentrum der nördlichsten japanischen Hauptinsel.

Rechts:
In der ersten Februar-Woche findet im Odori-Park von Sapporo das berühmte Schneefestival statt. Nachts funkeln die riesigen Eisskulpturen im Scheinwerferlicht.

NEC
パソコン
北海道銀行
BANK
uhb クリスタルパーク

AUF DER RÜCKSEITE JAPANS

Es gibt Landschaften, die schreiben ihre Geschichten fast von allein. Eine dieser Geschichten beginnt so: »Als der Zug aus dem langen Grenztunnel herauskroch, lag das Schneeland vor ihm weit ausgestreckt. Die Nacht war weiß bis auf ihren Grund.« Dies sind die ersten Sätze der Novelle »Schneeland« von Yasunari Kawabata. Erzählt wird die unglückliche Liebesgeschichte zwischen einem zynischen Tokioer Lebemann und einer jungen Geisha. Skifahrer treten nicht auf. Statt dessen berichtet der spätere Nobelpreisträger Kawabata von kalter Einsamkeit, verlorenen Träumen und der Unfähigkeit zu lieben. Alles wird überdeckt von einem grauen, schneeverhangenem Himmel.

Ort der Handlung ist ein namenloser Badeort in den Bergen. Was der Begriff »Schneeland« bedeutet, sagt Kawabata nicht. Überflüssig etwas zu erklären, was jedes japanische Schulkind weiß. Für den Romancier war Schneeland ein Produkt der Fantasie, gleichzeitig ist es aber auch ein geografischer Standort. Es sind jene vier nordwestlichen Provinzen der Hauptinsel Honshu, die an das Japanische Meer grenzen. Sie heißen Niigata, Yamagata, Akita und Aomori. In alten Zeiten wurde die Gegend als »Ura Nihon« bezeichnet – die Rückseite Japans.

Alle Dinge unterliegen einem Wandel, doch der Norden Honshus gilt bis heute als Hinterhof Japans: kaum Industrie, geringes Bruttosozialprodukt, schlechte Infrastruktur, Landflucht. Der Winter ist ein Tyrann, der das Leben diktiert. Anfang November fallen die ersten Flocken vom Himmel. Es ist die Zeit des Wintermonsuns. Kalte Polarluft strömt vom Osten Sibiriens nach Westen. Beim Überqueren des Japanischen Meers nehmen die trockenen Winde Feuchtigkeit auf, die sich an der Westküste Japans als Schnee niederschlagen. In den Bergen türmt sich die weiße Pracht vier, fünf Meter hoch, begräbt Straßen und Häuser, Felder und Wege. Die Häuser sind gesichert, als gelte es einen Erdrutsch abzuwehren: Stützbalken unter den Dächern; lange Bretter und schenkeldicke Baumstämme lehnen schräg an den Hauswänden, um die Fenster zu schützen. Sträucher und die Kronen der Gartenbäume werden entweder zusammengebogen oder hochgebunden, Pflanzen mit Strohmatten bedeckt. Gegen Nachtfröste erhalten die Stämme der Apfel- und Pflaumenbäume ein

Links oben:
Selbstgefertigte Schneeschuhe gehören zur Winterausrüstung der Bäuerin. Der Eingang zu den Häusern wird mühsam freigeschaufelt.

Links Mitte und unten:
Wenn das Eis kommt, haben die Fischer am Japanischen Meer Ruhepause und können der extremen Kälte in ihren Häusern trotzen.

– LEBEN IM SCHNEE

Oben:
Der Markttag im Dorf Animaeda findet bei beißender Kälte statt. Schneeschippen verkaufen sich besonders gut.

Rechts:
Zuhause bei Herrn Morikawa. Der Kanonenofen ist seine einzige Wärmequelle in der harten Winterkälte.

Schutzschild aus Reisstroh. Straßenlampen brennen schon am frühen Nachmittag. Der einzige Platz, an dem man sich aufwärmen kann, sind die öffentlichen Badehäuser. Wenn die Bauern sich ausziehen, erinnert es an das Schälen einer Zwiebel: Winterjacke, Pullover, Hose, Baumwolloberhemd, Nierenschutz, langärmliges Unterhemd, zwei Paar Wollsocken, lange Unterhose, kurze Unterhose. In den Bergen gibt es noch abgelegene Dörfer, die völlig einschneien, und die alten Männer sitzen stundenlang bis zum Hals in heißem Wasser und trinken warmen Reiswein.

YAMABUSHI – DIE BERG-ASKETEN

Heiligster Ort im Nordwesten sind die drei Berge von Dewa Sanza in der Präfektur Yamagata. Sie heißen Haguro (418 Meter), Gassan (1980 Meter) und Yudono (1504 Meter). Ein uralter Steinpfad mit 2446 Stufen, glattgetreten wie Parkett, schlängelt sich zum Haguro. Rechts und links erheben sich jahrhundertealte Zypressen. Den Gipfel überzieht ein Konglomerat aus prächtigen Tempeln und Schreinen, in denen Tendai-Buddhisten die Buddha-Erscheinung des Lichts und der Allweisheit verehren. Berg-Asketen, im Japanischen heißen sie Yamabushi, praktizieren ihre geheimen Asketenübungen und Exerzitien. Das auffallende Äußere der Yamabushi steht im krassen Widerspruch zur Verschwiegenheit ihrer Religionsausübung. Sie tragen ein langes weißes Gewand, einen Rasselstab, einen quadratischen Schulterkorb. Sie besitzen ein Muschelhorn, in das sie blasen wie in eine Posaune ohne Mundstück und dessen tiefer Ton wie eine Mischung aus Lockung und Warnung klingt. Im Herbst werden die Novizen in die Tendai-Lehre eingeführt. Die Ausbildung dauert eine Woche. Kaum Schlaf, dafür stundenlanges Meditieren und endlose Gebete. Tagsüber wandern die Novizen durch die heiligen Berge, an den Füßen altertümliche Strohsandalen, auf den Lippen den Singsang archaischer Anrufungen.

Ein Dorf in der Präfektur Akita. Hier dauert der schneereiche und kalte Winter bis zu sechs Monate.

Hauptsache, der Kopf ist warm: Schulkinder auf dem Weg zum Unterricht haben trotz der Kälte gute Laune.

Sicheres Verkehrsmittel, wenn auf den Straßen sonst nichts mehr läuft: Die Lokalbahn in der Provinz Akita fährt immer.

Bei solchen Wintern in Nordjapan wird das Leben auch drinnen zum Zähneklappern: eingeschneites Wohnhaus.

HONSHU UND SHIKOKU –

Steine wie Berge, Sand wie die Wellen des Ozeans: Ein Mönch harkt den Trockengarten im Zuiho-in-Tempel in Kyoto. Der Name bedeutet: »Garten des Berges der Seligpreisungen«. Der Untertempel Zuiho-in gehört zum Daitoku-ji, dem bedeutendsten Tempelkomplex des Zen-Buddhismus in Japan.

Morgens um halb neun herrscht auf dem Tokioer Bahnhof Shinjuku das organisierte Chaos: Hunderttausende auf dem Weg zur Schule und Arbeit, überfüllte U-Bahnen, vollgepackte S-Bahnen. Uniformierte mit weißen Handschuhen pressen die Letzten in die Züge. Fast zur gleichen Zeit in der alten Kaiserstadt Nara. Sonnenstrahlen gleiten über Pagoden und Tempel, Schreine und Buddha-Statuen. Zahme Rehe wandern durch den alten Park.

Beton und Natur, Menschenmassen und Einsamkeit – auf Honshu trennen diese Dinge nicht Welten, sondern nur Kilometer. Honshu bedeutet »Hauptland«. Es ist die größte Insel des Landes. Hier schlägt das laute Herz des modernen Japans. Ein mächtiges Gebirgsmassiv teilt die Insel in zwei gegensätzliche Landschaften. Omote Nihon, die Vorderseite Japans, ist die Region der wichtigsten Städte, der bedeutendsten Kultur- und Handelszentren. An der schmalen Pazifikküste liegen die alten Machtzentren Nara und Kyoto, Industriestädte wie Nagoya, Osaka und Hiroshima. Zwischen Tokio und Kobe scheinen Industrieanlagen und Fabriken, Stadtzentren und Wohngebiete übergangslos miteinander zu verschmelzen. Ura Nihon, die Rückseite Japans, wird das Gebiet am Japanischen Meer genannt. Es besteht aus verschlafenen Kleinstädten und stillen Bauerndörfern. Im Winter versinkt alles im tiefen Schnee.

Ein stählernes Band aus sechs Brücken verbindet seit 1988 Honshu mit Shikoku. Die viertgrößte Insel zählt zu den berühmtesten Wallfahrtsorten. Pilger in weißer Kleidung besuchen die 88 Tempel, die vor über 1200 Jahren von Kobo Daishi, dem Gründer der Shingon-Buddhisten, gegründet wurden. Wer die Götter geehrt hat, den erwartet ein langes Leben, Glück und Zufriedenheit.

DAS LAUTE HERZ JAPANS

Links:
Die 33 Meter hohe fünfstöckige Pagode des Ninnaji-Tempel in Kyoto entstand im 17. Jahrhundert. Wegen ihrer vielen Kirschbäume wird die Tempelanlage gern zur Blütezeit besucht.

Unten:
Der Kinkaku-ji-Tempel in Kyoto. 1955 hatte ein Geisteskranker den »Goldenen Pavillon« in Brand gesteckt. Das heutige Gebäude – mit Blattgold bedeckt – ist eine exakte Kopie des 1394 in Auftrag gegebenen Tempels.

Eine Schulklasse posiert vor dem Heian-Schrein in Kyoto. Errichtet wurde er 1895 – zum elfhundertsten Jubiläum der Gründung der Kaiserstadt.

Die chinesischen Einflüsse sind unverkennbar: Rote Dachbalken und eine schwarze, eiserne Lampe im Heian-Schrein in Kyoto.

Rechte Seite:
Erster Schnee bedeckt Bäume und die Dächer der dreistöckigen Pagode im Kiyomizu-Tempel in Kyoto. Die Tempelanlage, die 798 gegründet wurde, gehört zum Weltkulturerbe.

Gepriesen wurden sie im 17. Jahrhundert von dem Gelehrten Razan Hayashi, seitdem gelten drei Landschaften als Inbegriff des japanischen Naturideals. Zwei dieser Landschaften sind hier zu sehen: Ama-no-hashidate – die »Himmelsbrücke«, eine schmale mit Kiefern bewachsene Landzunge in der Miyazu-Bucht, nordwestlich von Kyoto (links). Und Miyajima, eine Insel in der Nähe von Hiroshima. Das rote Haupttor (»Torii«) des alten Shinto-Schreins steht mitten im Wasser (unten).

Unten:
Stark zerklüftet ist die Südküste auf der Insel Shikoku bei Ashizuri-Misaki. In einer der schönsten und unberührtesten Küstenlandschaften Japans findet man noch viele kleine, ursprüngliche Fischerdörfer.

Rechts oben:
Die über 1600 Meter lange weiße O-Naruto-Brücke verbindet die Inseln Awaji und Shikoku seit 1985.

Rechts Mitte:
Aufgereihte Fischerboote: Der Hafen von Muroto an der Südküste von Shikoku, der großen Insel

im Süden, die zusammen mit West-Honshu die so genannte Inlandsee mit 950 Inseln umschließt.

Rechts unten: *Seit April 1988 verbindet die Seto-Ohashi-Brücke die Hauptinsel Honshu mit Shikoku. Tatsächlich besteht die gesamte Verbindung aus sechs Brücken mit einer Gesamtlänge von 9368 Metern und vier Zubringerbrücken.*

Linke Seite:
Die Insel Shikoku ist nicht nur wegen ihrer landschaftlichen Schönheiten berühmt, sondern auch wegen der 88 Tempel, die vor rund 1200 Jahren von Kobo Daishi, dem Gründer des Shingo-Buddhismus, errichtet wurden.

Viele Besucher der Insel Shikoku sind Pilger, die die zahlreichen Schreine besuchen. Die Männer und Frauen tragen weiße Kleidung und haben lange Holzstecken, an denen silberne Glöckchen klingeln.

Nur noch Traditionalisten machen die Wallfahrt zu Fuß, die meisten reisen heutzutage mit einem Ausflugsbus.

Unten:
Typisch für die Umgebung der Hafenstadt Uwajima an der Westküste von Shikoku sind die Terrassenfelder, die sich oberhalb einer reizvollen Küstenlandschaft erheben.

Rechts:
Japans Süden aus dem Bilderbuch: Küstenlandschaft mit Meer, Strand und Felsen, auf denen sturmgebeugte Kiefern wachsen.

Oben:
Auf der Insel Shikoku scheint die Zeit stehen geblieben zu sein: leuchtend grüne Reisfelder an der Ostküste.

Seite 58:
Der Todaiji-Tempel, einer der Sieben Großen Tempel in der alten Kaiserstadt Nara, gilt als eines der größten Holzgebäude der Welt. Er ist das Hauptheiligtum der buddhistischen Kegon-Sekte.

Links:
Zahme Rehe im Nara-Park, dem größten dieser Art in Japan mit über 500 Hektar. Die Tiere gelten als heilig, werden von den Besuchern zu oft gefüttert und lassen sich nur schwer abschütteln.

Oben:
Von 18 Säulen getragen: Das Große Südtor Nandaimon bildet den Eingang zum Tempelbezirk des Todaiji-Tempels in Nara.

Prunk und Pomp: Am 3. März wird »hinamatsuri« gefeiert, Mädchenfest. Typisch ist die kunstvolle Dekoration. Die prächtigen Puppen auf dem Stufenpodest stellen den kaiserlichen Hofstaat des 11. Jahrhunderts dar.

Natürlich gibt es auch ein Knabenfest, in Japan verschämt als »Kinderfest« umschrieben. Im Garten werden Karpfenfahnen geflaggt: schwarz für den Papa, rot für die Mama und einen kleinen Karpfen für jeden Jungen im Haus. Mädchen gehen leer aus.

Rechte Seite:
Bunte Kimonos zum Festtag: Am 15. November ist das offizielle Shichi-go-san-Fest. Dann werden in den Schreinen – wie hier im Meiji-Schrein in Tokio – die Kinder gesegnet, Mädchen mit drei und fünf, Jungen mit sieben Jahren.

白雪
芙蓉霞
百姓昭明
協和萬邦
西宮酒造

KUNST UND HANDWERK –

Der berühmteste Trockengarten Japans liegt im Tempel Ryoan-ji in Kyoto. Vermutlich wurde er im 15. Jahrhundert erschaffen. Im Süden und Osten wird er von einer mit Ziegeln bedeckten Lehmmauer begrenzt. Er ist etwa so groß wie ein Tennisplatz, besteht lediglich aus geharktem Sand, 15 größeren und kleineren Steinen und ein wenig Moos. Die Steine sind von links nach rechts in fünf Gruppen geordnet. Niemand weiß, was sie darstellen sollen: Berggipfel, die ein Wolkenmeer durchstoßen? Einsame Inseln in der Unendlichkeit des Ozeans? Eine Gruppe von Tigern, die gerade schwimmend einen Bergbach durchquert? Was man weiß, ist, dass der Steingarten des Ryoan-ji ein herausragendes Zen-Kunstwerk darstellt. In ihm spiegelt sich die Ästhetik der Verneinung wider, das Zielen auf eine innere Wahrheit. Ein Stein ist ein Stein, aber gleichzeitig drückt er auch die ganze kosmische Wahrheit aus. Im Ryoan-ji Garten kann man die Stille hören.

Japans Kunstverständnis ist anders. Europäische Gartenanlagen waren immer Manifestationen weltlicher Macht. Ausgerichtete Baumreihen, symmetrische Blumenrabatten, abgezirkelte Kieswege – die Natur wurde untertan gemacht. In Japan dagegen haben viele Gartenelemente religiösen Charakter, wurden geprägt vom Shintoismus und Buddhismus. Gärten sind Sinnbild für die Einordnung des Menschen in die Natur.

Links:
Kunstwerk zum Kühlen: ein handgearbeiteter Fächer hat sogar sein eigenes Gestell, wenn er nicht im Gebrauch ist.

Links oben:
Ein herausragendes Zen-Kunstwerk ist der Steingarten des Ryoan-ji in Kyoto.

Oben:
Wasser marsch: In einer Gärtnerei in Omiya wird ein prächtiger Bonsai begossen.

DIE ÄSTHETIK DER PERFEKTION

Rechts oben:
Mit Gold- oder Silberstaub veredelt: Lackschalen. Die Lackkunst gelangte schon zu vorgeschichtlicher Zeit nach Japan.

Ganz rechts:
Handwerk mit drehendem Boden: Töpfer bei der Arbeit. Japan gilt als das Land der Keramik, deren heutige Form auf den Einfluss koreanischer Meister zurückgeht.

QUELLEN JAPANISCHER KUNST

China, Korea, sogar Indien waren die Quellen japanischer Kunst. Vom asiatischen Festland kamen Gartenbau und Blumenstecken, Bonsai und Lackarbeiten, Keramik, Kalligraphie und Tuschemalerei. Dabei verstanden Japaner das Übernommene so zu vervollkommnen, dass daraus eine neue Qualität entstand. Das neue japanische Original wurde perfekter als die fremde Vorlage. Ein Beispiel dafür ist der Bonsai, der »Baum in einer Schale«. Bis heute werden die Miniaturbäumchen in China und Vietnam gezüchtet. Doch erst in Japan wurde die Kunst zur Meisterschaft entwickelt. Omiya, ein Vorort von Tokio, gilt als Zentrum der Bonsai-Künstler. Im Stadtteil Bonsai-cho zeigen sie ihre außergewöhnlichen Schöpfungen: scheinbar wildumtoste Föhren, Zypressen-Haine, ein blühender Aprikosenbaum, über 120 Jahre alt, aber nur 55 Zentimeter groß.

Auch in der Keramik und Lackkunst haben die Schüler die Meister überrundet. Bis zu 50 Schritte sind in Japan nötig, um Holzgeschirr, Tabletts, Schmuckdosen und Plastiken mit dem spiegelnden Lacküberzug zu versehen. Dekors entstehen durch das Aufstreuen von Gold- oder Silberstaub auf dem feuchten Lackgrund. Nach weiteren Lackschichten wird die Oberfläche solange mit Holzkohle geschliffen, bis das zarte, glänzende Dekor wieder auftaucht.

Keramik wird bereits seit dem 12. Jahrhundert professionell hergestellt. Jede Region hat ihren eigenen Ton, ihr unverwechselbares Design, ihre spezielle Brandtechnik. Töpfe, Vasen, Teeschalen werden frei oder auf Töpferscheiben gestaltet. Das Farbenspektrum reicht von dunkelgrau bis gelblich. In den Glasuren sind häufig Eisen oder Feldspat enthalten, wodurch eine durchsichtige braune oder schwarze Färbung entsteht.

Und noch etwas unterscheidet Japan vom Westen. Bis heute existiert im Land keine scharfe Trennung zwischen Kunst und Handwerk. Eine edle Keramik, ein kostbarer Lackteller besitzen den gleichen Stellenwert wie ein Ölgemälde oder Musikstück. Wer einem großen Künstler nacheifert, wird nicht als Plagiator verdammt. Nachahmung gilt als Untertauchen in den geistigen Strom der Vergangenheit. »Nur in der Verehrung des Meisters wird der Schüler selbst zum Meister«, sagte schon Konfuzius. Kunstfertigkeit ist ein wichtiger Schritt zur Kunst. Bewundert werden Schlichtheit und Klarheit, Natürlichkeit und Harmonie. Wer diese Dinge erschafft, erhält die höchste Auszeichnung Nippons, er wird zum »lebenden National-Schatz«. Gewürdigt werden damit Maler und Töpfer, Puppenmacher und Weber, Bambusschnitzer und Architekten deren Können als kostbarer Wert für die ganze Nation erachtet wird.

Oben:
Teezeremonie: Mit einem langstieligen Bambusschöpflöffel wird heißes Wasser in die Schale mit Teepulver gegossen.

Rechts:
Die Teezeremonie findet in schlichter Umgebung statt: Den einzigen Schmuck bilden ein Rollenbild, ein Blumengesteck und die Schiebetüren.

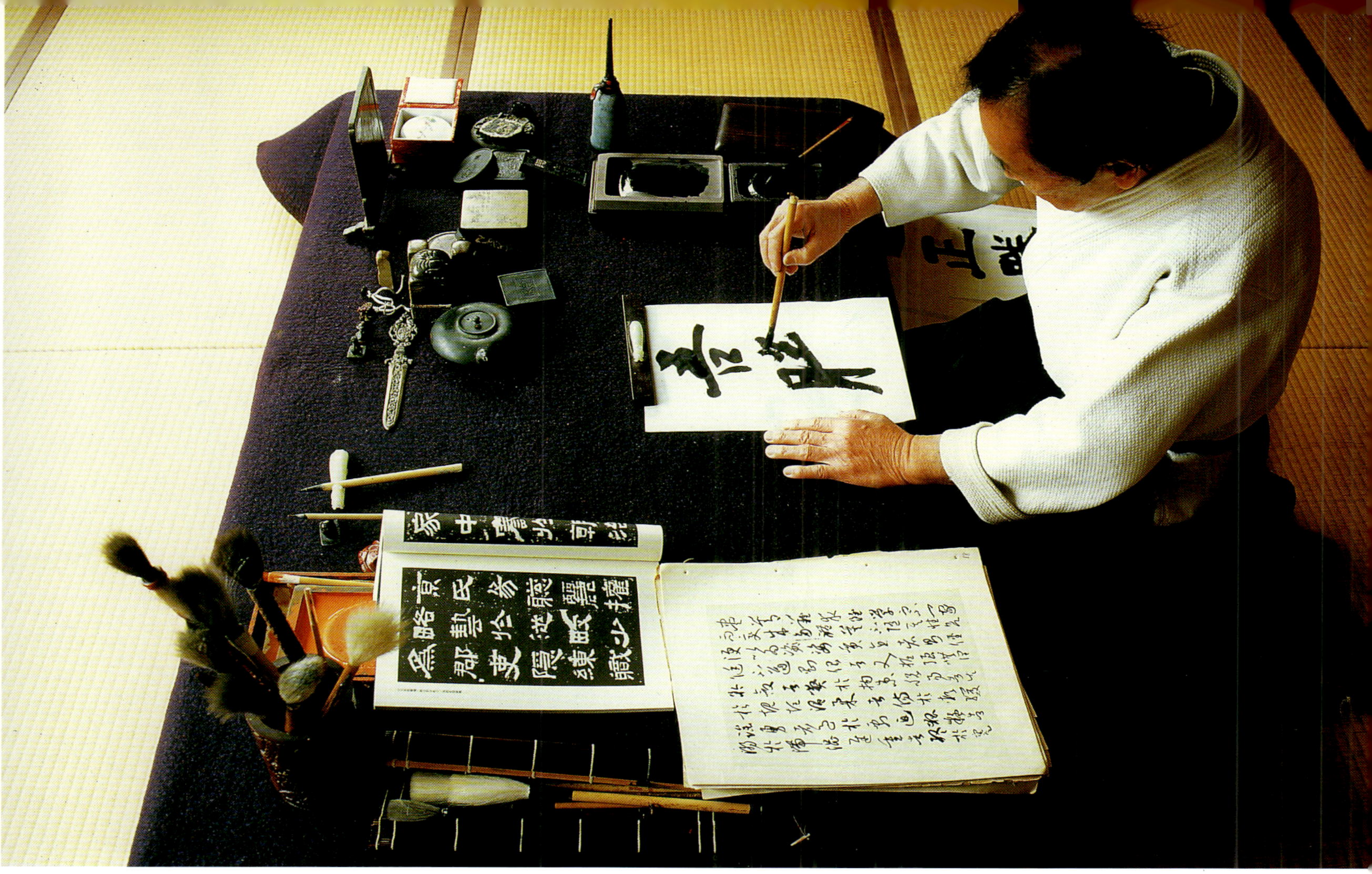

Oben und links:
Schreiben ist in Japan mehr als ein Kommunikationsmittel, es ist eine Kunstform. Shodo, also Kalligrafie, wird nicht nur an der Schule unterrichtet, sondern auch in privaten Schreibschulen. Die Übung in der Kunst der Schrift gilt als Charakterschulung und erfordert einen hohen Lernaufwand – insgesamt wird die Zahl der sinntragenden Zeichen auf etwa zehntausend geschätzt.

Unten:
Der Innere Schrein von Ise, japanisch Naiku, ist das größte Nationalheiligtum des Landes. Er liegt auf der Halbinsel Shima und war einst Teil des kaiserlichen Palastes, bevor er dorthin versetzt wurde. Die Ise-Schreine sind von den Einflüssen buddhistischer Architektur unbeeinflusst geblieben.

Rechts oben:
Torii heißen die freistehenden Balken-Tore. Sie markieren den Bezirk eines Shinto-Schreins, hier bei den Großen Ise-Schreinen.

Rechts Mitte:

Über die hölzerne Uji-Brücke geht der Weg zum Inneren Ise-Schrein. Im Fluss nehmen die Pilger eine rituelle Reinigung der Hände und des Mundes vor.

Rechts unten:

Aus Zedern- und Zypressenholz sind die Schreine in Ise errichtet. Alle 20 Jahre werden sie abgetragen und das Holz als geweihtes Baumaterial an alle Schreine des Landes verteilt. Danach werden sie neben den alten Standorten originalgetreu wieder aufgebaut. Die nächste Zeremonie findet 2013 statt.

Seite 68/69:
Zuchtperlenfarmen in der Bucht von Nie auf der Halbinsel Shima-Hanto. Der Perlmuschel wird ein Fremdkörper künstlich eingepflanzt, um den dann in sieben Jahren die Zuchtperle wächst.

Unten:
Himeji im Westen der Insel Honshu wäre eine ganz normale Industrie- und Handelsstadt, gäbe es nicht diese unglaubliche Burg. Selbst der Name, den die vollständig erhaltene Anlage trägt, ist reine Poesie. Er lautet Shirasagi-jo, die »Burg des weißen Reihers«.

Rechts oben:
Bronzeguss aus dem 13. Jahrhundert: Der Große Buddha von Kamakura vor den Toren Tokios ist beeindruckende 11,40 Meter groß.

Rechts unten:
Vor dem Engakuji-Tempel in Kamakura färbt sich der Ahorn leuchtend rot. Der Tempel gehört zur Rinzai-Sekte und wurde 1282 von Hojo Tokimune gegründet.

Oben:
Über einem offenen Feuerplatz in einem alten Bauernhaus in der Präfektur Gifu auf Honshu hängt ein gusseiserner Kessel.

Rechts:
Kiefern zählen zu den beliebten Pflanzenarten für die Bonsai-Gestaltung. Der »Baum in der Schale« ist bereits seit dem 11. Jahrhundert in Japan bekannt und stammt ursprünglich aus China.

Links:
Das außergewöhnliche am Fushimi-Inari-Taisha-Schrein in Kyoto ist ein vier Kilometer langer Rundweg durch einen Tunnel aus über 10 000 Torii. Gestiftet wurden sie von Firmen und Privatleuten.

Oben:
Die Teezeremonie hat ihre Wurzeln in der Ästhetik und im religiösen Empfinden der Japaner: Während des Trinkens wird die Teeschale mit beiden Händen gehalten.

Links:
Diese Holzmaske für das No-Spiel heißt Hannyo und stellt, erstaunlicherweise, einen weiblichen Dämonen dar.

Ob mit Teefeldern oder einer Pagode im Vordergrund – von wo man den Fuji-san (Fujiyama ist in Japan nicht üblich) auch anschaut, immer bietet er eine perfekte Form. Der höchste Berg der zentraljapanischen Fuji-Vulkankette ist zugleich Heiligtum und Symbol des Landes. Er wurde als Sitz der Götter angesehen und gilt seit dem 12. Jahrhundert nach der buddhistischen Lehre als Tor in eine andere Welt. Naturwissenschaftlich betrachtet, ist er ein im Quartiär entstandener Stratovulkan mit einem fast kreisrunden Fuß von 35 bis 40 Kilometern und 18 belegten Ausbrüchen.

Rechts:
Tokio als strahlendes Trugbild: Wenn die Dunkelheit hereinbricht, blinken die Leuchtreklamen von Shinjuku ihre Botschaften in die Nacht. Der nördliche Bezirk von Tokio ist einer der belebtesten Verkehrsknotenpunkte mit Warenhäusern, Einkaufspassagen und diversen Unterhaltungsstätten.

Rechte Seite:
Wann machen Japans Angestellte eigentlich Feierabend? Im 234 Meter hohen Shinjuku Park Tower (vorn) und dem Tokyo Opera City Building (235 Meter) sind auch abends die Büros noch hell erleuchtet.

Unten:
Querbeet in Shibuya: An den großen Kreuzungen Tokios stoppen die Ampelanlagen den gesamten Straßenverkehr. Danach strömen die Massen über die Zebrastreifen.

Rechts oben:
Schienen-Stolz Shinkansen. Jeder Zug hat 16 Wagen, in denen 1300 Fahrgäste Platz haben. Der Hauptbahnhof Tokio ist Knotenpunkt der Shinkansen-Linien.

Rechts Mitte: *Abendliche Rush-hour in der Yamamote-Line, der Ringbahn von Tokio. Durch die Gliederung in Wohn- und Geschäftsbereiche macht sich zweimal am Tag eine riesige Zahl an Pendlern innerhalb Tokios auf den Weg.*

Rechts unten: *Weiße Handschuhe sind Pflicht: ein Bahnbediensteter in einer gerade einmal leeren Bahnstation.*

Seite 80/81:
Niju-bashi, die »Doppelbrücke«, führt zum Kaiserpalast im Zentrum von Tokio. Zweimal im Jahr dürfen Bürger sie überschreiten: am 23. Dezember, dem Geburtstag des Tennos, und am Neujahrstag, dem 2. Januar.

Unten:
Nur wer rechtzeitig kommt, kriegt noch Platz: Kirschblüten-Party im Shinjuku-Park. Einst waren die fast 60 Hektar in kaiserlichem Besitz, bevor sie nach dem Zweiten Weltkrieg öffentlich zugänglich gemacht wurden.

Rechts oben:
Der Senso-ji im Stadtteil Asakusa ist der volkstümlichste Tempel Tokios. Er wird nach der hier verehrten Gottheit auch Asakusa Kannon genannt. Laut Legende wurde der Tempel von drei Fischern gegründet, die eine Statue der Gottheit in ihren Netzen fanden.

Rechts unten:
Tempelfest im Senso-ji. Frauen und Männer aus dem Stadtteil schleppen einen tragbaren Schrein. Die kurze Jacke, die sie anhaben, heißt im Japanischen »happi«.

Seite 84/85:
Der Name ist Programm: »Electronic City« heißt dieses Viertel im Stadtteil Akihabara. Hier verkaufen über 600 Discountläden elektronische Artikel. Aus Lautsprechern ertönen ununterbrochen Werbeslogans, die grellen Neonreklamen sind kaum zu ertragen.

中央エレマート
ナカウラ
冷蔵庫
オーブンレンジ
安い
テレビ
マイコン
ステレオ
テレビ
特売中
キャンペーン中
冷蔵庫が安い
ビデオ
ステレオ
ビデオ

マイコン
ステレオ
オーディオ
テレビ
ビデオ
マイコン
13-20
日曜休日の
12-18を除く
レンジ
インバーター
エアコンの安い店
テレビ
安い

Oben:
Es darf geschlürft werden: Nudelsuppen-Restaurant in Sapporo, der Hauptstadt der nördlichsten japanischen Hauptinsel Hokkaido.

Rechts:
Der Bauch von Tokio: Gefrorene Tunfische im Tsukiji-Fischmarkt. Hier werden 90 Prozent des Fischbedarfs der Millionenstadt verkauft.

Oben:
Hinter der Theke wird alles frisch zubereitet: Sushi-Restaurant. Im wesentlichen besteht Sushi aus Bällchen aus gesäuertem Reis, auf denen verschiedene Fischsorten drapiert werden.

Links:
Fahrbarer Essstand: Es gibt Oden, ein Eintopfgericht, Bier und Sake, der aus Reis gewonnen wird. Mit einem Alkoholgehalt von ungefähr 15 Prozent wird er sowohl kalt als auch warm getrunken.

S A S H I M I & C O .

Für alles gibt es einen Namen. Im Volksmund heißt er »der Bauch von Tokio«. Der Bauch wacht früh auf. Morgens um drei öffnet Tsukiji, der größte Fischmarkt Asiens, seine Pforten. Vor den Toren warten Lastwagen und Kleintransporter, in alten Hallen und abbruchreifen Warenhäusern beginnt im Schein gleißender Halogenlampen, grünstichiger Neonleuchten und freihängender Birnen der tägliche Hexenkessel, verkaufen und kaufen. In Tsukiji versorgen sich Handelsketten, Supermärkte, Delikatessengeschäfte, Sushi-Restaurants, Küchenchefs und Hausfrauen mit Austern, Krabben, Langusten, Lachs, Schwert- und Tintenfisch, Kabeljau, Seeigel, Seegurken und getrocknetem Tang. Täglich werden über 2500 Tonnen Fisch und Meeresfrüchte umgesetzt. Eingefrorene Tunfische werden mit Kreissägen zerteilt. Gegen 5 Uhr beginnt in den Auktionshallen der schnelle Handel. Je nach Saison verkaufen acht bis zehn Auktionäre den Fang. Danach treffen sich in den kleinen Restaurants rund um den Markt die Gourmets zum frühen Mahl: Sashimi (rohe Fischscheiben) und Sushi (roher Fisch auf mit Essig versetzten Reisbällchen). Zum Eintunken gibt es grünen Meerrettich und Sojasoße.

Sashimi & Co. haben längst den Siegeszug um die Welt angetreten. Japans Küche ist beliebt – sie ist leicht und gesund, wird frisch zubereitet und ästhetisch präsentiert. Das Auge isst mit. Früher war Fleisch so gut wie unbekannt. Buddhisten aßen keine vierbeinigen Tiere. Einzige Ausnahme: der Hase. Wegen seiner großen, flügelartigen Ohren wurde er zum Vogel erklärt. Nach dem verlorenen Krieg und unter dem Einfluss der amerikanischen Besatzungsmacht veränderten sich die Essgewohnheiten. Das Japan der Neuzeit kennt Brot und Wurst, Käse und Fleisch. Unverändert ist die Bedeutung von Reis. In den alten Zeiten wurde Reis als Zahlungsmittel und Maß der Steuerabgabe benutzt. Reis, im Japanischen »gohan«, wurde das Synonym für eine Mahlzeit. Auch heute noch wird Reis täglich zweimal gegessen – zum Frühstück und zum Hauptgericht am Abend.

Ein »must« für jeden Feinschmecker ist der Besuch eines Ryokans. Im traditionellen japanischen Gasthof werden zum Abendessen und Frühstück typische Spezialitäten der jeweiligen Region serviert. Ein delikates Menü kann zum Beispiel so aussehen: rohe Karpfenstücke, gebratene Scholle, gekochten Wels, Schweinefleisch und Pilze in einer würzigen Soße, Fleischrollen, hausgemachte Nudeln, dazu Miso-Suppe und Reis.

Links:
Die höchste Form der japanischen Küche nennt sich »Kaiseki ryori«. Das mehrgängige Menü wird in speziellen Restaurants und Ryokans, den traditionellen Gasthäusern, serviert.

Links oben:
So kunstvoll drapiert, wird Sashimi zu einer besonderen Köstlichkeit. Der rohe Fisch wird in eine mit Ingwer und geriebenen Rettich verfeinerte Sojasoße getaucht.

JAPANISCHE KÖSTLICHKEITEN

Nabe

Japans beliebter Wintereintopf. Zubereitet wird er in einem Topf in der Tischmitte. Zum Kochen benutzt man einen Gaskocher. Huhn oder Lachs klein schneiden, Tofu würfeln, Lauch, Chinakohl, Pilze, Schwarzwurzeln in passende Größe schneiden. Das ganze auf einen großen Teller garnieren. Fleisch und Gemüse lässt man in einer herzhaften Brühe kurz köcheln, stippt die mundgerechten Happen in eine spezielle Soße. Im Rest des Fonds werden entweder dicke Soba-Nudeln gekocht oder eine sämige Reissuppe zubereitet.

Soba

Das perfekte Essen für einen heißen Sommertag. Buchweizennudeln werden kurz gekocht, mit kaltem Wasser abgeschreckt, auf einem Bambustablett serviert. Zur Geschmacksanreicherung tunkt man die Nudel in eine Soße aus Soja, süßem Sake und Wasabi (grüner Meerrettich).

Yakitori

Die richtige Unterlage für Bier und Sake. Alles vom Huhn, zum Beispiel Flügel, Haut, Leber, aber auch gekochte Wachteleier, Shitake-Pilze und Hackfleischbällchen werden auf einem Bambusspieß aufgereiht und über einem offenen Holzkohlenfeuer gegrillt. Vor dem Grillen werden die Spießchen entweder in eine spezielle Soße getaucht oder mit Salz gewürzt.

Ramen

Eine köstliche Mahlzeit für Zwischendurch. Weizennudeln in heißer Fleischbrühe, Zutaten sind Sojabohnen, Bambussprossen, Schalotten, dünne Scheiben Schweinefleisch. Gegessen werden die Nudeln mit Stäbchen, die Geräuschkulisse dabei ist unüberhörbar. Wer jemals auf einem Bahnsteig neben einem Ramen-Stand war, weiß, dass fünf nudelschlürfende Japaner jeden einfahrenden D-Zug spielend übertönen.

Oben:
Augenschmaus: In Gourmet-Restaurants wird Sashimi in vollendeter Ästhetik präsentiert. Diese Speise besteht aus Häppchen oder Scheiben rohen Fischs.

Rechts:
Fast-food auf Japanisch: O-Bento heißt das Essen zum Mitnehmen oder schnellem Verzehr. Die Speisen werden in Schalen und Lackschachteln aufgetragen, das Angebot reicht von Sashimi, Tempura, Tofu und eingelegtem Gemüse bis zu Reis und Suppe.

Wie so viele Dinge kam auch der Kimono im 8. Jahrhundert aus China. Aber erst in Japan wurde er perfektioniert. Die acht Teilstücke eines Kimonos werden aus einer einzigen Stoffbahn zugeschnitten. Durch Raffen und Zusammenziehen passt man ihn der Größe der Trägerin an. Gebunden wird er mit einer Schärpe, dem Obi. Das Ergebnis ist Eleganz pur: Ob bei einer No-Aufführung (linke Seite), den zwei Maikos, jungen Mädchen in der Geisha-Ausbildung (oben links), der Musikerin, die das Zupfinstrument Koto spielt (oben rechts), Mutter und Tochter am Mädchentag (unten links), oder Frau Yuko Kiyono, die gerade geheiratet hat und einen prächtigen Hochzeitskimono trägt (unten rechts).

Sumo zählt neben dem nach dem Zweiten Weltkrieg eingeführten Baseball zu den beliebtesten Sportarten. Berühmte Sumo-Kämpfer sind Helden der Nation. Kaum einer wiegt weniger als 100 Kilo. Verloren hat, wer als erster aus dem Ring mit 4,55 Meter Durchmesser herausgedrängt wird oder den Boden mit etwas anderem als den Fußsohlen berührt.

Sumo symbolisiert einen Kampf zwischen zwei Göttern um den Besitz einer Provinz. Am Anfang eines jeden Wettbewerbs wird reinigendes Salz gegen die bösen Geister geworfen.

Rechte Seite:
Das schreinartige Dach über dem Ring erinnert daran, dass Sumo in der Vorzeit eine religiöse Bedeutung hatte.

向

Oben:
Himmelsstürmer: Die Doppeltürme des »Tokyo Metropolitan Government Office« sind das Wahrzeichen vom Stadtteil Shinjuku. Die 246 Meter hohen Doppeltürme sind 1996 errichtet worden.

Rechts:
Das »Edo-Tokyo Museum« im Stadtteil Sumida zeigt die Geschichte und Kultur der Hauptstadt. Das moderne Gebäude soll an ein altes Warenhaus erinnern.

Links:
Moderne Architektur mit auf den Kopf gestellten Pyramiden: »Big Sight« heißt das Messe- und Ausstellungsgebäude in der Bucht von Tokio.

Unten:
In diesem futuristischen Gebäude in der Bucht von Tokio residiert der private Fernsehsender Fuji TV.

中華街
横浜大飯店
歓迎光臨
横濱中華街
聘珍茶寮

Linke Seite:
Eingangstor zur Chinatown von Yokohama. Hier lebt eine der größten chinesischen Gemeinden von Japan. Yokohama entwickelte sich nach der Öffnung Japans zum westlichen Ausland zu einer bedeutenden Hafenstadt.

An der Wasserfront von Yokohama ankert das ausgemusterte Passagier- und Lazarettschiff »Hikawa Maru«, das heute als Museumsschiff dient.

Verspielt mit Segelschiff und Riesenrad, modern mit Wolkenkratzern präsentiert sich Minato Mirai, das neue Stadtviertel von Yokohama.

Unten:
Von Tokio aus sind es nur 50 Minuten mit der S-Bahn zum Chichibu-Tama-Nationalpark, der sich nordwestlich der Hauptstadt über die Kanto-Berge erstreckt und mit seiner landschaftlichen Schönheit lockt.

Unten:
Von Großstadthektik ist im Chichibu-Tama-Nationalpark nichts mehr zu spüren. Statt dessen hat man Ruhe und Einsamkeit zum Angeln.

Rechts:
Die romantischen alten Bauernhäuser im Chichibu-Tama-Nationalpark strahlen Beschaulichkeit aus.

Rechts:
Auf dem Wasser des künstlich angelegten Chichibu-Sees, der sich nordwestlich des Mitsumine-Berges erstreckt, ruhen Ruderboote.

Linke Seite:
Die geometrischen Muster der Reisfelder überziehen das Land wie ein Flickenteppich. Reis ist das wichtigste Anbauprodukt der Landwirtschaft und Grundnahrungsmittel Nummer eins. Angebaut wird die Feldfrucht von Familienbetrieben. Klein sind die Felder, fast wie Spielzeug wirken die Setzmaschinen und Mähdrescher. Trotzdem nimmt der Reisanbau etwa die Hälfte des gesamten Kulturlandes ein. Hauptanbaugebiet ist die Insel Honshu.

Oben:
Tee-Ernte in der Präfektur Shizuoka. Noch immer werden die Blätter von Hand gepflückt. Tee gehört mit zu den wichtigsten Anbauprodukten der Landwirtschaft Japans.

Rechts:
Eine rote Brücke führt zum Godaido-Tempel auf einer Insel in der Matsushima-Bucht. Über 260 kleine Inseln, dicht mit windzerzausten Kiefern bewachsen, liegen in der weiten Bucht vor der Stadt Sendai. Matsushima zählt zu den drei berühmtesten Landschaften Japans.

Oben:
Der Toshogu-Schrein ist das bedeutendste Heiligtum von Nikko. Die gesamte Anlage besteht aus 22 Gebäuden, an deren Errichtung über 15 000 Handwerker beteiligt waren. An dem reich geschmückten Gebäudekomplex wird fast ununterbrochen gearbeitet, da Schreingebäude alle 20 Jahre originalgetreu erneuert werden.

Anziehungspunkt: Der Kegon-Wasserfall im Nikko-Nationalpark stürzt 100 Meter in die Tiefe. Der Nationalpark gehört mit seinen mächtigen Bergen, alten Wäldern, Seen und Wasserfällen zu den meistbesuchten Regionen Japans.

Wenn die Blätter leuchten: Laubfärbung im Nikko-Nationalpark, der sich westlich der Stadt Nikko mit über 1400 Quadratkilometern erstreckt.

Spiegelbild des Himmels: Der Chuzenji-See liegt im westlichen Teil des Nationalparks von Nikko. An seiner Ostseite stürzt der Kegon-Wasserfall in die Tiefe.

Zahlreiche Wasserfälle, Seen, Wälder und Moore locken die Besucher in den Nikko-Nationalpark.

Was aussieht wie Reiterstandarten, sind Werbefahnen vor einem Tempel für den buddhistischen Heiligen Bodhisattwa.

Pilgerort in der Olympiastadt: Der buddhistische Zenko-ji-Tempel von Nagano wurde 624 von Zenko gegründet.

Priester in der 87. Generation: Shimatzu Kokai aus der Bergwelt der Dewa-Sanzans. Die drei Gipfel Gassan, Yudono und Haguro gelten als heilig.

Zwei Yamabushi (Berg-Asketen) auf dem Berg Haguro in der Präfektur Yamagata. Der Berg gehört zu den Dewa Sanzan, »Drei Berge von Dewa«, die als Pilgerziele bekannt sind.

Geschmückt mit Mützen und Lätzchen: Jinzo-Statuen. In Japan genießen religiöse Kunstwerke und andere sicht- und greifbare Symbole des Göttlichen hohes Ansehen.

Berg-Asketen zählen zu der esoterischen Sekte der Tendai-Buddhisten. Ihre weiße Kleidung symbolisiert sowohl Tod als auch Reinheit.

Unten:
Ankerplatz des Glücks: Dunkelgrüne Kiefern, weißer Sandstrand und klares blaues Wasser machen den Jodo-Strand in der Präfektur Iwate zu einem der schönsten.

Rechts:
Wo die Wellen des Pazifiks ausrollen: In der Küstenlandschaft von Kitayama-Saki in der Präfektur Iwate erheben sich die Steilklippen bis zu 300 Meter.

KYUSHU UND OKINAWA –

Traumstrand: Die Insel Miyako, südlich von Okinawa. Die Insel selbst wird von endlosen Zuckerrohrfeldern überzogen.

Wenn der Reisende hinter der Stadt Shimonoseki die Kammon Brücke überquert, beginnt die Leichtigkeit des Südens. Die Farben wirken kräftiger, die Luft ist milder, das Leben verläuft gemächlicher. Unterwegs in einer Traumlandschaft: kleine Häfen hinter Schutzmauern, in denen elegant geschwungene Fischerboote vertaut liegen. Auf Bambusflößen wird Seetang gezüchtet. Weite Ebenen mit Reisfelder, die über ein Kanalsystem gespeist werden. Vulkane, heiße Quellen, wilde Gebirgsbäche. Die traditionellen zweistöckigen Wohnhäuser sind mit glasierten Dachpfannen gedeckt. Sie sind von grüner, blauer und grauer Farbe und gleißen im Sonnenlicht.

Kyushu, drittgrößte Insel des Archipels, war jahrhundertelang Schnittpunkt zwischen Japan und dem Rest der Welt. Chinesische und koreanische Einwanderer brachten Töpferei, Weberei, Bildhauerei, den Teeanbau mit. Über die koreanische Halbinsel kamen die chinesische Schrift und der Buddhismus. 1549 landete der spanische Missionar Franz Xavier in Kagoshima, gründete die erste christliche Gemeinde. Als sich Japan zwischen 1636 und 1858 hermetisch von der Außenwelt abriegelte, blieb nur ein kleines Schaufenster erhalten: Dejima, die künstliche Insel vor der Stadt Nagasaki, wurde zum Schaufenster zur Welt. Unter strikter Kontrolle durfte hier die Holländisch-Ostindische Kompanie Handel treiben.

Rund 500 Kilometer weiter südlich liegt das subtropische Paradies. Eine Kette aus über 70 größeren und kleineren Inseln. Im Japanischen werden sie »Nansei-shoto« genannt, »südwestliches Archipel«. Um die Hauptinsel Okinawa verlieren sie sich im azurblauen Pazifik. Korallenriffe, Traumstrände, Ananasplantagen, das Leben bedeutet nicht Hetze und Stress, sondern ein langer, heißer Tag.

DIE LEICHTIGKEIT DES SÜDENS

越
MAXY
MITSUKOSHI
HOTEL
山の内

Linke Seite:
Die Kokusai-o-dori mit ihren Kaufhäusern, Restaurants und Shops ist die wichtigste Straße von Naha. Im Zweiten Weltkrieg wurde die Präfekturmetropole von Okinawa völlig zerstört und danach modern wieder aufgebaut.

Leben unter dem Vulkan: Kagoshima liegt im Süden der Insel Kyushu. Beherrscht wird die Stadt vom Vulkan Sakurajima. Er ist noch immer aktiv.

Nagasaki gilt als eine der landschaftlich schönsten Städte Japans. Am 9. August 1945 um 11.02 Uhr erfolgte hier nach Hiroshima der zweite amerikanische Atombombenabwurf.

Unten:
Die Rauchwolken über den 1157 Meter hohen Berg Aso zeigen, dass der Vulkan noch immer aktiv ist. Hat er sich beruhigt, darf man den Kraterrand betreten.

Rechts:
Der mächtige Hauptturm der Burg von Kumamoto wurde 1960 rekonstruiert. Von außen wirkt er eindrucksvoll, drinnen gibt es viel Beton.

Unten:
Fischerboote im Hafen von Sakitsu auf den Amakusa-Inseln. Die Inselgruppe liegt an der Westküste von Kyushu. Berüchtigt wurde sie durch den Aufstand christlicher Japaner im Jahre 1683. Fast 37 000 Gläubige wurden getötet.

Unten:
Mit einer Länge von 23 und einer Breite von 16 Kilometern ist der Krater des Berges Aso einer der größten der Welt.

Unten:
Eine Reisegruppe lässt sich vor der Kolossalstatue von Kitamura Seibo im Friedenspark von Nagasaki fotografieren.

Oben:
Eine dunkle Marmorstele markiert das Epizentrum des Atombombenabwurfs am 9. August 1945 auf Nagasaki.

Unten:
Denkmal der Märtyrer im Nishizaka-Park von Nagasaki. Auf dem Hügel wurden 1597 sechs Missionare und 20 japanische Christen gekreuzigt.

Rechts:
Am »Ausländerhang« von Nagasaki liegt die alte Villa des britischen Kaufmanns Glover. Sie ist heute eine teure Sehenswürdigkeit, die als Schauplatz von Puccinis Oper »Madame Butterfly« präsentiert wird.

Oben:
Häusermeer um den Bahnhof von Nagasaki, der Hauptstadt der gleichnamigen Präfektur. Ihr Hafen war als einziger vom 16. bis zum 19. Jahrhundert offen für europäische Schiffe.

Rechts:
Beppu ist ein Dorado für Freunde des heißen Bads. Der Thermalbadeort preist stolz seine über 3000 heißen Quellen, deren Dampfschwaden das Ortsbild bestimmen.

O N S E N –

Sukayu ist ein kleiner Kurort in den Hakkoda-Bergen im Norden der Hauptinsel Honshu, deren größter Schatz eine heiße, schwefelhaltige Quelle ist. Bei der wichtigsten Sehenswürdigkeit handelt es sich um einen verwinkelten Holzbau. Er heißt »Senrinburo«, Bad der tausend Menschen. Es ist eines der typischen japanischen Onsen. Onsen heißen alle Badeorte, in denen heiße Quellen fließen, egal ob sie aus einem oder hunderten von Gast- und Badehäusern bestehen. Sie sind Plätze der Entspannung, der Gesundheit, des preiswerten Glücks. Im »Senrinburo« beträgt der Eintritt umgerechnet zwei Euro, Baumwollhandtuch und Zahnbürste inklusive. Zum Bad führen getrennte Eingänge. Auf Stoffbahnen stehen die Schriftzeichen für »Frauen« und »Männer«. Dahinter treffen sich alle wieder. Die Anlage hat die ausufernde Größe eines Tanzsaals. Verschieden große Holzbecken mit unterschiedlichen Wassertemperaturen – für den Besucher bewegen sie sich zwischen heiß und kochend. Auf dem Fußboden liegen giftgrüne Kunststoffmatten. Aus einer der Wände ragen Wasserkräne, stehen auf einer Ablage große Plastikflaschen mit flüssiger Seife und Shampoo. Der Gast hockt sich auf einen Holzschemel vor die Kräne, mischt in einer Plastikschüssel heißes und kaltes Wasser. Dann wäscht er sich von Kopf bis Fuß. Das Handtuch wird als Waschlappen benutzt. Anschließend gleitet man vorsichtig in eines der Becken. Ahhh! Schwarze Köpfe ragen aus den Wasserschwaden wie körperlose Geister. Wenn die Badenden aus den Becken steigen, bedecken sie ihre Scham mit dem Handtuch. Eigentlich überflüssig, bei einer Wassertemperatur von über vierzig Grad Celsius verflüchtigt sich jeder Gedanke an Sex.

Japan ist ein Land mit wenig Bodenschätzen. Nur einen Rohstoff besitzt es im Überfluss: Wasser. Das Land hat rund 20 000 Thermalquellen, über 2000 davon sind wegen ihrer therapeutischen Wirkung anerkannt. Das radioaktive, kupfer-, eisen- oder schwefelhaltige Wasser erreicht Temperaturen bis zu 130 Grad. Je nach Zusammensetzung wird es eingesetzt gegen Arthritis und Rheuma, Akne und Hautstörungen, bei Magenbeschwerden, hohem und niedrigem Blutdruck. Heiße Quellen kuren alles – außer einem gebrochenen Herzen, sagen Japaner.

REINIGUNG FÜR KÖRPER UND SEELE

Sauberkeit hat in Japan immer auch einen rituellen Charakter. Vor dem Betreten eines Shinto-Schreins spülen sich die Gläubigen an einem Wasserbecken den Mund, säubern sich die Hände. Gereinigt wird dabei nicht nur der Körper, sondern auch die Seele. Als Schutzpatronin aller Badehäuser gilt die Kaiserin Komyo. Im 9. Jahrhundert schuf sie

Links oben:
Heißes Wasser, weißer Dampf: Rotenburo in der schönen Natur der Präfektur Akita.

Links:
Logenplatz für die Herbstfärbung: Rotenburo auf der Insel Hokkaido. Noch romantischer ist nur das Baden unterm Sternenhimmel.

DAS PARADIES DER HEISSEN QUELLEN

das erste öffentliche Bad. Bis dahin besaßen nur Adel und Samurai das Recht, ein eigenes Bad im Haus zu besitzen. Später gab es eine Verordnung, nach der jeder Häuserblock ein öffentliches Badehaus besitzen musste. Dabei sorgte sich die Regierung nicht nur um die Sauberkeit seiner Untertanen, bei einer Feuersbrunst sollte auch genügend Wasser zur Hand sein.

Heute zählt der Besuch eines Onsen zu den beliebtesten Freizeitbeschäftigungen in Japan. Betriebsausflüge gehen in der Regel in ein Onsen, Geschäftsleute bewirten im Onsen ihre wichtigen Kunden. Stadtbewohner reisen aufs Land, um im heißen Bad den Zauber der Zeitlosigkeit zu erfahren. Bauern erholen sich hier von der harten Arbeit. Onsen gibt es in allen Größen und Formen: altertümliche Holzhäuser, funktionale Betonburgen, luxuriöse Badelandschaften mit Grotten, Palmen, Wasserrutschen, Sauna und Solarium.

Die höchste Form des Onsen ist das Rotenburo, das heiße Bad unter freiem Himmel. Rotenburo findet man neben Bächen, auf Bergen, direkt am Meer. Besonders in einer kalten Winternacht wird das Bad in einem Rotenburo zu einem unvergesslichen Erlebnis. Eis und Schnee bedecken Tannen und Felsen. Im Lichtschein einer einsamen Laterne fallen dicke Schneeflocken vom Himmel. Man selbst liegt bis zum Hals im heißen Wasser, wohlig und warm. Näher kann man dem Paradies in Japan nicht sein.

Oben:
Gemischtes Doppel: Rotenburo heißen die Bäder unter freiem Himmel. Dieses liegt am Kussharo-See auf Hokkaido.

Rechts oben:
Der Badeort Kusatsu auf der Insel Honshu. Begründer der japanischen Bäderkunde war ein deutscher Arzt: Erwin von Bälz, der 1876 nach Japan kam.

Rechts unten:
Traditionelles Badehaus auf der Insel Shikoku. Das japanische Badehaus ist eine gesellschaftliche Institution, in der man sich trifft, über Politik diskutiert und die Last der Arbeit vergisst.

Oben:
Fischerboote am Strand der Insel Miyako. Auf der Insel steht ein Denkmal der besonderen Art – gestiftet von Kaiser Wilhelm I. für die Rettung deutscher Schiffbrüchiger im Jahre 1873.

Rechts:
Ehrenmal für die Kriegstoten auf Okinawa. Bei den blutigen Kämpfen am Ende des Zweiten Weltkriegs kamen über 237 000 Zivilisten und Soldaten ums Leben.

Links:
Das Shurijo Schloss in Naha erinnert daran, dass Okinawa einst ein unabhängiges Königreich war.

Unten:
Strand auf der Insel Ikema. Das Eiland zählt zur Gruppe der Miyako Inseln und liegt zwischen Okinawa und Taiwan.

REGISTER

CHINA
RUSSLAND
Vladivostok
Hongjin
NORD-KOREA
SÜD-KOREA
Pusan
Ochotskisches Meer
RUSSLAND
Kurilen
HOKKAIDO
Wakkanai
Abashiri
Kitami
Asahikawa
Taisetsu-san 2290m
Takikawa
Kushiro
Otaru
Sapporo
Obihiro
Tomakomai
Muroran
Oshima-hanto
Hakodate
Shimokita-hanto
Aomori
Hirosaki
Hachinohe
Noshiro
Morioka
Miyako
Akita
Kitakami
Kamaishi
Sakata
JAPAN
Ishinomaki
Yamagata
Sendai
Japanisches Meer
Sado-shima
Shibata
Niigata
Fukushima
Aizu-Wakamatsu
Koriyama
Nagaoka
Iwaki
Noto-hanto
Joetsu
Utsunomiya
Hitachi
Takaoka
Toyama
Nagano
Mito
Kanazawa
Maebashi
HONSHU
Komatsu
Matsumoto
Kumagaya
Tsuchiura
Oki-shoto
Fukui
Omiya
Tokyo
Matsudo
Kawasaki
Chiba
Tsuruga
Yokohama
Ichihara
Matsue
Tottori
Gifu
Komaki
Fuji-san 3776m
Yokosuka
Yonago
Biwa
Odawara
Boso-hanto
Nagoya
Kyoto
Suzuka
Okazaki
Shizuoka
Himeji
Kobe
Toyohashi
Hamamatsu
Yaizu
Okayama
Akashi
Nara
Izu-hanto
Hiroshima
Fukuyama
Awaji-shima
Osaka
Matsusaka
Tsushima
Onomichi
Takamatsu
Wakayama
Izu-shoto
Yamaguchi
Iwakuni
Kure
Imabari
Shimonoseki
Hofu
Niihama
Tokushima
Kii-hanto
Kitakyushu
Ube
Matsuyama
Tanabe
Kochi
Fukuoka
Beppu
Saga
Kurume
Oita
Uwajima
SHIKOKU
Sasebo
Goto-retto
Nagasaki
Kumamoto
Nobeoka
Yatsushiro
Amakusa-shoto
KYUSHU
Miyazaki
Miyakonojo
Kagoshima
Kanoya
Osumi-shoto
Tokara-retto
Pazifischer Ozean
N

Ungefähr 1850 Zeichen werden während der zwölfjährigen Schulzeit gelehrt, insgesamt schätzt man aber, dass es rund zehntausend verschiedene Schriftzeichen gibt.

Impressum

Buchgestaltung
hoyerdesign grafik gmbh, Freiburg
Karte
Fischer Kartografie, Aichach

Printed in Germany
Repro: Artilitho, Trento, Italien
Druck: Konkordia Druck GmbH, Bühl
Verarbeitung: Josef Spinner Großbuchbinderei GmbH, Ottersweier

ISBN-13: 978 3-8003-1585-7
ISBN-10: 3-8003-1585-8

Unser gesamtes Programm finden Sie unter:
www.verlagshaus.com

Bildnachweis
Alle Bilder von Keystone/Keyphotos Japan mit Ausnahme von:
S. 26/27, S. 29 (3 Abb.), S. 40/41 bis auf S. 40 Mitte (4 Abb.), Seite 42/43 (4 Abb.), S. 62/63 Mitte, S. 73 rechtes Bild, S. 79 rechts oben und rechts unten (2 Abb.), S. 88/89 links oben und Mitte (2 Abb.), S. 91 rechts unten, S. 97 unten, S. 98/99 (4 Abb.), S. 100 bis auf Mitte links (5 Abb.), S. 106/107 (6 Abb.), S. 115 kleine Bilder oben (2 Abb.), S. 116 (4 Abb.) von Hans H. Krüger.

Stürtz